给孩子的国宝档案 ①

[从新石器时代到西周]

狐狸家 著

童趣出版有限公司 编　人民邮电出版社 出版

北　京

图书在版编目（CIP）数据

给孩子的国宝档案. 1，从新石器时代到西周 / 狐狸
家著 ; 童趣出版有限公司编. -- 北京 : 人民邮电出版
社，2024. -- ISBN 978-7-115-65540-0

Ⅰ. K87-49

中国国家版本馆 CIP 数据核字第 20249NJ167 号

责任编辑：刘　学
执行编辑：王彤语
责任印制：孙智星
排版制作：关昭昕

编　　　：童趣出版有限公司
出　　版：人民邮电出版社
地　　址：北京市丰台区成寿寺路11号邮电出版大厦（100164）
网　　址：www.childrenfun.com.cn

读者热线：010 - 81054177
经销电话：010 - 81054120

印　　刷：天津市光明印务有限公司
开　　本：787×1092　1/12
印　　张：4
字　　数：80千字

版　　次：2024年11月第1版　2024年12月第2次印刷
书　　号：ISBN 978-7-115-65540-0
定　　价：20.00元

阎崇年爷爷给小朋友的一封信

亲爱的小朋友：

你好！

我是阎崇年，我非常喜欢中国历史，做了几十年的历史研究。你知道吗？中国五千年悠久的历史中，不仅发生了许多重要的历史事件，出现了很多杰出的历史人物，还有太多的奥秘等着你去了解、去探索。比如，古人用什么样子的灯照明，古代的小朋友平时都玩什么玩具，等等。那么，怎样才能了解这些有趣的历史知识呢？

在我看来，有一个很好的途径，就是去博物馆看国宝。

我这么说，是因为博物馆里丰富的藏品蕴含着中华文明的精华，可以让我们直接了解到古人生活的方方面面，而国宝更是集中反映了古人的思想、趣味、求新精神和艺术风格。可以说，读懂了国宝，就能从一个侧面读懂中华文明的历史进程。

此刻，打开这套绘本，你就可以跟着80件国宝，走进国宝背后的历史。这些国宝来自各大文化机构，能让你对中国历史的变迁和中华文明的发展，有一个基本的了解。更有趣的是，在这套绘本里，你可以化身为小狐狸前往博物馆，听狐狸爸爸趣味讲解国宝，甚至能穿越回国宝诞生时的历史场景，开始一场真实的历史大冒险。穿越历史看国宝，历史真正"活"起来，这是一件多么有趣的事情啊！

听我这么说，你是不是对这些国宝更加好奇了呢？那么，接下来，就请你到这套绘本中去探索国宝的奥秘吧！希望《给孩子的国宝档案》可以带你真正地爱上国宝、爱上博物馆、爱上中国历史，发现中华优秀传统文化的魅力！

你们的阎爷爷

阎崇年

新石器时代
约前10000—前2000年

夏朝
约前2070—前1600年

商朝
约前1600—前1046年

西周
前1046—前771年

春秋
前770—前476年

战国
前475—前221年

东周
前770—前256年

周朝
前1046—前256年

西汉（包括新朝和更始政权）
前202—25年

东汉
25—220年

汉朝
前202—220年

秦朝
前221—前207年

五代十国
907—979年

唐朝
618—907年

隋朝
581—618年

南北朝
420—589年

东晋
317—420年

西晋
266—316年

晋朝
266—420年

三国
220—280年

元朝
1271—1368年

清朝
1636—1911年

宋朝
960—1279年

北宋，与辽、金、西夏
政权并存
960—1127年

南宋，与西夏、金、蒙古
政权并存
1127—1279年

明朝
1368—1644年

让我们一起

看国宝，学历史！

贾湖骨笛

【名称】
贾湖骨笛

【时代】
新石器时代（约前10000—前2000年）

【尺寸】
长23.6厘米

【材质】
骨

【收藏地】
河南博物院（河南省郑州市）

国宝小档案

在遥远的新石器时代，先民们已经能够制作较为精致的石器、陶器和骨器，并且对精神生活有了更多的追求，开始用骨器制作乐器。贾湖骨笛是目前已发现的中国年代最早的乐器实物，它们的发现改写了中国音乐史，证明中华文明的起源远比我们想象得更早、更精彩。目前发现于贾湖遗址的数十支骨笛中，河南博物院收藏的这支器形完整，并且因为石化而显得晶莹亮洁，堪称"中华第一笛"。

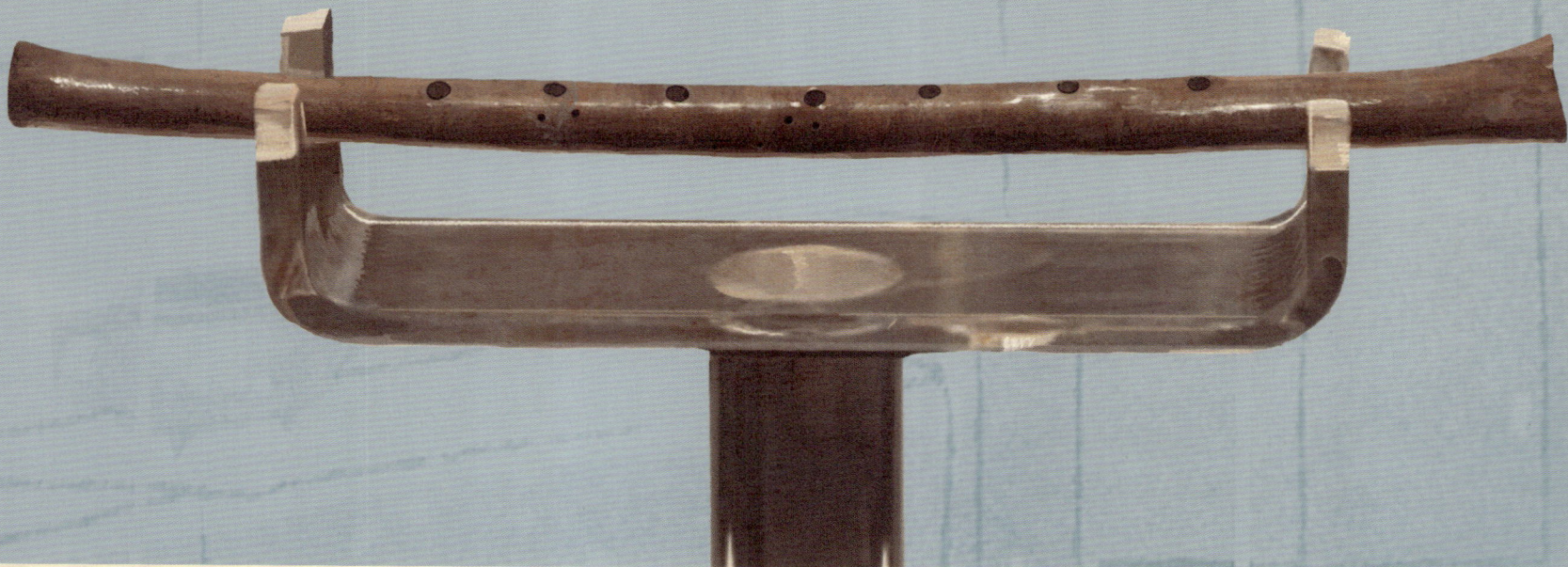

谁的骨头？

你瞧，这是用骨头做的笛子！古生物学家鉴定后发现，它竟然是用丹顶鹤翅膀上的骨头，也就是尺骨做成的。仔细看，这支骨笛的两端被细致打磨过，中间七个音孔的大小几乎相同，真是太不可思议了！

丹顶鹤的尺骨

骨笛制作之谜

你知道吗？丹顶鹤的尺骨比人类的骨头硬很多，现代人想在这种骨头上凿孔，需要借助电钻等专业工具，原始人是怎么做到的呢？经过挖掘，专家们在贾湖骨笛的出土地附近发现了一种坚硬的黑色石头，叫燧石。有人推测，或许把燧石磨得尖尖的，就可以在丹顶鹤的尺骨上钻孔啦！

燧石

来自远古的竖笛

贾湖骨笛是需要竖着吹的笛子，可以吹出标准的七声音阶。它们大多有七个音孔，仔细瞧，在第六孔与第七孔之间，还有一个小孔，叫作调音孔，可以调整第七孔的音调。你相信吗？贾湖骨笛至今仍能吹奏呢！

快去博物馆看看吧

快看，这是一根骨头吗？

它看起来好像一支笛子！

上面有七个小孔呢！

那它还能吹响吗？

骨笛背后的计算题

其实，想制作一支可以吹响的笛子，是非常不简单的。要打几个音孔？音孔之间的距离是多少？这些都需要经过非常精密的计算。原来，那时候的贾湖先民已经会计算合适的孔距了。看，骨笛上还有设计音孔位置时留下的横线刻记呢！

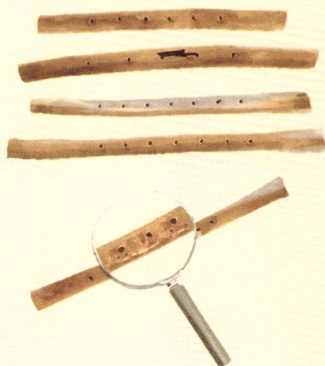

墓主人的心爱之物

令人遗憾的是，有一支贾湖骨笛刚被发现时，是断成三截的。研究表明，这支骨笛在墓主人生前就曾经折断过，即使断裂，墓主人依然不舍得丢弃，反而在两处断裂的地方钻了十四个小孔，用细线精心缝合起来继续使用。这支骨笛一定是墓主人的心爱之物吧！

05

贾湖骨笛选用丹顶鹤的尺骨作为材料，可能源自贾湖先民对鹤的原始崇拜。

当时贾湖先民的房屋很小，大多用木头做成柱子，掘地为穴，这种房屋结构叫半地穴式。

那时候可没有打火机，传说人们需要用火时，就用尖木棒摩擦木头，直到冒出小火苗，这种方法又叫"钻木取火"。

部落附近河流众多，到处都可以捕鱼。

那时候的人就已经会吹笛子了？真好听！

穿越历史看国宝

贾湖先民的庆祝宴会

　　远古时期，贾湖遗址河流密布，动物众多，常有丹顶鹤飞来飞去，在河岸边优雅漫步。生活在这里的先民们有时去河边抓鱼，有时去林中打猎，有时还会研究制作乐器呢！这天，人们捕捉到了好多猎物，便高兴地点燃篝火，一边奏乐跳舞，一边分享烤肉。

　　新石器时代，原始部落中就产生了音乐和歌舞。每逢祭祀或其他重大活动，人们就会聚在一起，敲击各种器物，蹦蹦跳跳地起舞。最早的乐器非常简单，比如兽皮鼓、木板、木棒等能敲打出声的器物。渐渐地，就有了专门用来奏乐的陶鼓、陶埙、骨笛等乐器。

描绘原始先民跳舞场景的舞蹈纹彩陶盆

小狐狸的参观日记

人们常把狩猎时抓住的野猪养起来，等到缺少食物时再吃掉。

最早的时候，骨笛就像骨哨一样，是为了模仿鸟叫，吸引猎物，慢慢地，就变成了乐器。

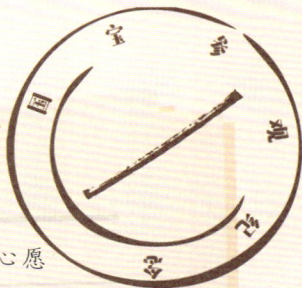

星期天

　　我一直很好奇古人是如何生活的。年初的时候，了解我心愿的爸爸，帮我制订了"国宝参观计划"，希望今年能通过国宝，带我了解不同时期的历史文化。爸爸真棒，他总是有办法！我们的第一站是河南博物院，爸爸带我去看了一支笛子，名叫贾湖骨笛。爸爸说，它是约九千年前，原始人用丹顶鹤翅膀上的骨头做成的，现在还能吹响呢！

　　忽然，我的耳边传来风声、水声，还有悠扬的笛声。快看，前面有好多穿着兽皮衣服的原始人！爸爸说，这些原始人是贾湖先民，他们刚刚打猎回来，捕捉到了好多猎物，正要好好地庆祝呢！他们围着篝火又唱又跳，还有人拿出了骨笛伴奏。原来，骨笛的声音这么清脆。

　　我也想得到这个宝贝，在音乐课上给大家表演一下。

人面鱼纹彩陶盆

【名称】

人面鱼纹彩陶盆

【时代】

新石器时代（约前 10000—前 2000 年）

【尺寸】

口径 39.8 厘米，高 16.5 厘米

【材质】

陶

【收藏地】

中国国家博物馆（北京市）

快去博物馆看看吧

上面画的是什么呀？

咦？这个盆上还有画呢！

盆里好像画了小鱼。

这个圆圆的图案是人脸吗？

小孩子的棺材盖

在原始社会，人们的生存条件很差，小孩子很容易生病、受伤，甚至死去。当部落中有小孩子夭折时，人们就把尸体放进陶瓮中，用陶盆盖住瓮口，制成一个封闭的棺材，埋在家附近。仔细看，陶盆底部还有个小孔，据说是留给灵魂出入的通道。

解锁鱼纹的密码

你猜，陶盆上为什么画了小鱼呢？其实，这与原始先民的生活息息相关。那时，人们大多生活在河流附近，过着采集、打猎和捕鱼的生活，鱼就是当时常见的食物，所以常常被画在陶器上。瞧，这些彩陶上的小鱼画得还不一样呢！

双鱼纹彩陶盆　　　鱼纹彩陶盆

神秘的人面鱼纹

仔细看，陶盆里的画是黑色的，图案有简单的鱼纹，以及复杂的人面鱼纹。看起来，圆形的图案像是人脸，这个人的眼睛细细的，鼻子像倒立的"T"形，嘴巴和耳朵两侧各有一个鱼纹，就连他头上的装饰也像鱼的形状呢！

巫师、图腾还是外星人？

也许你会问，这个人鱼组合的奇怪图案是什么意思呢？有人说，这是一个头戴礼帽、脸戴面具的巫师，专门负责主持宗教活动。也有人说，这是一个活泼的少年，正把头伸进水里捉鱼呢！还有人说，可能是外星人来到地球，正好被人类看到并画了下来。你觉得呢？

彩陶上的装饰

新石器时代早期的陶器样式简单，大多用来装水和食物，一般是没有图案的。到了新石器时代晚期，半坡先民尝试在陶器上绘制鱼、鸟、鹿、蛙等图案，以及一些抽象的线条。这些彩陶上的装饰画，很多都是他们生活的写照。

人们把动物的骨头磨成细长的骨针，用它可以缝制出既好看又保暖的兽皮衣服。

人们用木头做支架，一起动手搭建房屋。

为了让陶器更美观，也为了表达一些思想和看法，人们会在陶器的表面画上各种图案。

树枝是当时常用来点火的燃料。

大家为什么要在陶器上画画呀？

穿越历史看国宝

半坡先民的原始生活

　　距今六千多年前，渭河边的土地上生活着一群半坡先民。他们穿着兽皮衣服、披着头发、光着脚丫子，总是三三两两地聚在一起。仔细一看，有人忙着用木头和泥巴盖房子，有人在河边生火烤鱼，还有人在新捏好的陶坯上画画。

　　在原始社会时期，我们的祖先生活在山林之中，使用的工具大多都是能直接获得的。后来，人们不再满足于此，开始探索新事物。他们用泥土捏制出不同的器具，晾干以后，放到火上烧制成坚硬的陶器。渐渐地，陶器的样式和用途越来越多，人们的生活也更加方便了！

陶器不漏水且耐烧，既可以用来打水，又可以用来煮和存放食物，用起来方便极了。

人们把石块磨成各种尖锐的形状，方便用来切割食物。

小狐狸的参观日记

星期六

今天，爸爸带我去看了一个不一样的盆，叫人面鱼纹彩陶盆，看它的形状，我还以为是个脸盆呢。可是爸爸说，在原始社会，它常作为给死去的小孩子用的棺材盖。爸爸还没说完，妹妹就被吓哭了。

忽然，我好像回到了六千多年前，走进了原始人的部落。我跟着爸爸一路走，一路看，见到有人在用木头盖房子，有人在缝制兽皮衣服，还有一大群人围着篝火烤鱼呢！他们把树枝弄得尖尖的，叉着鱼慢慢地烤，闻起来可真香！没想到，我们祖先的生活竟然这么有趣！爸爸说，可不要小瞧原始人，他们那时候已经会制作精美的陶器了。我也好想和他们学一学如何制作陶器呀！

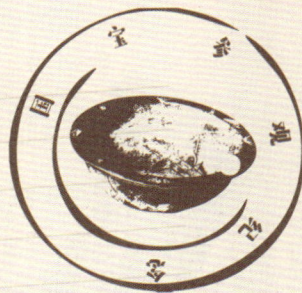

玉龙

【名称】
玉龙

【时代】
新石器时代（约前 10000一前 2000 年）

【尺寸】
高 26 厘米

【材质】
玉

【收藏地】
中国国家博物馆（北京市）

国宝小档案

　　龙是中华民族的象征，中国人总是把自己称为"龙的传人"。可是，龙真的存在吗？它又是什么时候出现的呢？在距今五千多年前的红山文化遗址中，出土了一块龙形的玉器。它是一块墨绿色的玉龙，看起来像一个"C"形，龙头微微上翘，龙尾向内卷起，颈部和背部似乎有鬃毛。这块玉龙造型生动，雕琢精美，虽然不能证明龙真的存在，但充分印证了中国龙文化的源远流长。

玉龙像谁？

这块玉虽然是龙的造型，但你仔细瞧，它翘起来的鼻子像猪，细长的身体像蛇，大大的眼睛像鹿，脖子上的鬃毛像马，就像是把不同动物的特征拼在一起似的。因此，有人认为，龙其实是不存在的，是人们想象出来的。你觉得呢？

快去博物馆看看吧

这块玉是墨绿色的！

它和动画片里的龙长得不一样！

你们看，它怎么长了个猪鼻子？

龙是长这样的吗？

哈哈，它的"发型"可真飘逸！

玉龙"成长"史

你知道吗？玉龙的模样并不是一成不变的。与这块红山文化的玉龙相比，商代的玉龙胖乎乎的，龙头也变大了；战国的玉龙像"S"形，而且有了龙爪；汉代的玉龙身体像蛇，四爪突出；而到了唐代，玉龙的样子已经很像我们现代动画片里的龙啦！

商代玉龙佩

战国云纹大玉龙佩

西汉龙形玉佩

唐代龙纹玉佩

动画片中常见的龙

沟通神灵的器具

其实，这块玉的用途目前还不能确定。它的形体较大，不像饰品，而且造型很特殊，龙背上还有个圆圆的小孔。人们猜测，它也许是被悬挂起来使用的，是红山先民们用来与神灵沟通的器具。

龙，中华民族的象征

早在玉龙之前，人们还发现过更古老的龙形文物，在距今八千多年前的查海文化遗址，就有一个巨大的龙形堆塑。而在赤峰的大型聚落遗址，人们还发现了猪首龙。龙不光是古籍里的描述和传说，也鲜活地出现在古人的生活里，成为中华文化的一部分，是中华民族的象征。

红山文化主要分布在今天的内蒙古自治区、辽宁省、河北省的部分地区，其中在辽宁省的凌源、喀左地区有规模较大的原始聚落。

在举行祭祀活动的地方，还会有石子儿垒成的祭坛。

巫师佩戴着各种玉器，据说有沟通天地和神灵的本领。

嘘！小声点儿，这是红山先民们在举办祭祀仪式，向神灵许愿呢！

中间那个人是在跳舞吗？

穿越历史看国宝

红山先民的祭祀仪式

傍晚，夕阳映红了天空，山脚下聚集了一群红山先民。祭坛前，有一个浑身挂满玉器的巫师，他披散着头发，嘴里念念有词，张开双臂蹦蹦跳跳，正在主持祭祀活动。周围的人跪在地上，虔诚地举起双手，似乎正在向神灵许愿祈福。

距今五千多年前，红山先民们不仅会耕种庄稼，还会饲养猪、牛、羊等家畜。最不可思议的是，他们擅长制作精美的石器、陶器和玉器，留下了很多神秘的符号和形象，玉龙就是其中的代表作。

小狐狸的参观日记

星期六

前几天，我的好朋友问了我一个问题：龙真的存在吗？

这个问题可把我难住了。为了解答我的疑惑，爸爸今天带我去看了一块龙形的玉，名叫玉龙。爸爸说，龙只是人们想象出来的，其实并不存在。我可不信，也许龙会隐身，根本不想让人们看到呢？

我正想着，这条玉龙好像突然飞起来，鬃毛飘飘，在云端起伏，我骑上它来到了一个神秘的地方。只见草地上聚集了很多人，似乎在举行什么仪式。爸爸说，这是一场祭祀活动，红山先民们相信神灵的存在，会通过祭祀向神灵许愿，祈求保佑。爸爸还说，中间那个又唱又跳的男人是巫师，据说能和神灵沟通呢！周围跪拜的人们举着胳膊，嘴里念念有词，会不会是在向龙祈雨呢？

蛋壳黑陶高柄杯

【名称】

蛋壳黑陶高柄杯

【时代】

新石器时代（约前 10000—前 2000 年）

【尺寸】

高 26.5 厘米

【材质】

陶

【收藏地】

山东博物馆（山东省济南市）

国宝小档案

距今四千多年前，在我国黄河中下游地区，人们的陶器制作水平明显提高，出现了很多新的器形，蛋壳黑陶高柄杯就是其中的代表。它的外表漆黑光亮，杯壁薄如蛋壳，造型小巧精致，被誉为"四千年前地球文明的最精致之制作"。蛋壳黑陶高柄杯稀少而珍贵，只出现在龙山文化遗址中，代表了龙山先民对美的独特认识。

快去博物馆看看吧

它的造型有点儿像爸爸的红酒杯！

为什么它的"肚子"上有那么多小孔？

这是一个杯子吗？

它的个头儿好高呀！

它怎么黑乎乎的？

黑陶是怎样诞生的？

用泥土做成的陶器大多是红色或灰色的，那黑色的陶器是怎样诞生的呢？人们推测，大概是古人烧陶时，封上了窑口，窑炉内缺氧后产生了黑烟，黑色的浓烟无处可去，就被窑内的陶器吸收了。后来，人们就学会制造黑陶啦！

造型优美的高脚杯

瞧，这是一只与众不同的黑陶杯。它比一般的杯子更瘦、更高，有点儿像现代宴会时使用的高脚杯。它的杯口向外敞开，就像一朵绽放的喇叭花。它的下腹部鼓鼓的，表面镂刻着小孔，里面装有一粒陶丸，据说这样能让杯子立得更稳一些，还能在移动的时候发出清脆的声响。

薄如蛋壳的陶器

"蛋壳"是用来形容杯子的厚度和鸡蛋壳差不多，并不是指杯子是用鸡蛋壳或者其他蛋壳做成的！蛋壳黑陶高柄杯重量很轻，杯壁最厚的地方也不超过 1 毫米，最薄的地方只有 0.2 毫米，比鸡蛋壳还要薄！

特殊的礼器

蛋壳黑陶高柄杯很容易破碎，制作也并不简单，不像是日常使用的杯子，那它是做什么用的呢？多数人认为，它是一件高贵的礼器，只有身份尊贵的人才能使用，常被用作随葬品。

可以旋转的工作台

你知道吗？蛋壳黑陶高柄杯可不是用手捏出来的，它的制作离不开陶轮！那是一个圆盘形的、可以旋转的工作台。快速旋转陶轮，就可以把泥坯塑造得十分薄。瞧，杯子底部一圈一圈的痕迹，就是用陶轮制作时留下的。

黑陶的烧制可不简单，为了让陶杯更加光亮，人们会使用芦苇等燃料。

蛋壳黑陶高柄杯的陶坯并不是一次就成型的，而是需要将各个部位分别做好，再拼接起来。

你们看，封窑后产生浓烟，就把陶器熏得黑黢黢的！

人们一边旋转陶轮，一边快速地把陶坯塑造成型。

穿越历史看国宝

精巧绝伦的龙山黑陶

龙山先民们的手工技艺非常精巧，擅长制作陶器、玉器等。瞧，部落旁边就有一个制陶作坊，里面的工匠个个经验丰富，能制造出各种各样的陶器。快看，地上摆满了刚烧好的陶器，有红陶、灰陶，还有乌黑透亮的黑陶呢！

新石器时代晚期，龙山先民们不仅开始建造大型的古城，还学会了冶炼铜器，甚至在陶器上刻画复杂的符号，制作出精巧至极的黑陶。当时，随着生产力的迅速发展，人们的财富和社会地位产生了差别，有人能拥有许多珍贵的器具，有人却一无所有。

原来烧好的黑陶要经过打磨，才会又黑又亮，闪着光泽呀！

这些黑陶非常薄，用手指敲一敲，能听到清脆的声音。

小狐狸的参观日记

星期六

　　我本来以为，原始人制作的陶器都像人面鱼纹彩陶盆一样是红色的，没想到今天我在博物馆里还看到了一个黑色的陶器。它是一个非常薄的杯子，据说比鸡蛋壳还要薄！爸爸说，它叫蛋壳黑陶高柄杯，是四千多年前的龙山先民们用泥土烧制出来的，真是了不起。

　　忽然，不知从哪里飘来一股黑烟，呛死了！原来，我来到制造黑陶的作坊里了，周围有好多龙山先民。他们有的在搬运泥巴，有的在制造陶器。爸爸告诉我，黑陶就快出窑了！可是，陶器是用黄色的泥土制成的，怎么烧出来就变成黑色的了？爸爸说，聪明的龙山先民们发现，窑内的温度升高到一定程度后，把窑口封上，窑内的浓烟能把陶器烧成黑色，这才有了黑陶。这也太酷了吧！

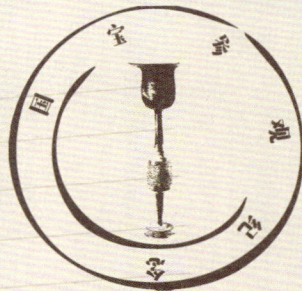

玉琮（cóng）

国宝小档案

距今五千多年前，太湖流域有一个良渚王国，它被称为"玉的国度"。在这里，勤劳智慧的良渚人创造出非常多的玉器，其中最著名的玉器之一是玉琮。这件玉琮是目前发现的体积最大、做工最精美的良渚玉琮，它是良渚文明的代表，更是五千多年前中华文化高度发达的实物证据。

琮是什么？

琮是良渚人创造的器形，它内圆外方，中部贯穿。有专家认为，琮最初是佩戴在手臂上的，后来随着时代的变迁，逐渐失去了实用性，发展成礼器。商周以后，琮就很少见了，人们只知"琮"字，不知"琮"形。

它看起来像一个大大的戒指！

琮是什么意思？

我觉得它有点儿像手镯。

快看，上面好像刻着人像呢！

打磨玉器的法宝

玉很坚硬，用牙咬的话，可能会把牙咬碎哟！良渚人是怎么打磨玉器的呢？其实，工匠们的法宝是解玉砂。工匠们采集一些硬度比玉还高的矿石，捣碎成砂石，就可以作为解玉砂了。需要切割或钻孔时，在玉上撒一些解玉砂，这样就能慢慢打磨啦！

解玉砂

它是外星人吗？

玉琮的外壁上，雕刻着八组复杂生动的神人兽面纹。有人说这是良渚王国的神徽，是良渚人心目中神灵的形象；有人说这是半人半兽的外星人；还有人说，这是良渚国王和他的宠物大青蛙。你觉得呢？

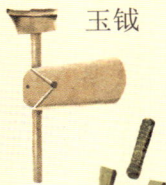

玉钺

玉三叉形器

成组的玉锥形器

谁能使用玉琮？

你知道吗？良渚人对玉器的使用非常讲究，男人和女人可以使用的玉器也不一样呢！玉琮是男女通用的，而像玉三叉形器、成组的玉锥形器等是男性贵族专用。值得一提的是，一些玉钺在良渚是王权的象征，是王拿在手中的权杖。

和天地对话

关于玉琮的用处，人们看法不一，很多专家都认为玉琮是良渚人沟通天地的工具。我们的祖先觉得天是圆的，地是方的，而玉琮的形状大多内圆外方，与人们心中的天地构造相似。也许，良渚人认为，这样就可以通过玉琮和天地对话呢！

良渚王国里河流很多，适合种植水稻，人们建造了巨大的粮仓，吃不完的稻谷就储藏起来。

良渚人很擅长利用水，他们在王城内外挖掘了很多人工河道，这样就方便用木筏往城里运输石块、玉料等物品啦！

一些玉被做成礼器，成为权力和地位的象征。比如一些玉钺是王拿在手中的权杖，是王权的象征。

这么多玉石，是从哪里运来的呀？

良渚王国三面环山，据说这些山就是传说中的"浮玉之山"，美丽的玉石就是从山中开采出来的。

工匠们把解玉砂撒在玉石上，用硬物配合解玉砂在玉上摩擦，这样就能对坚硬的玉料进行切割和打磨啦！

穿越历史看国宝

玉之王国

五千多年前，良渚王国里居住着成千上万的良渚人，他们日出而作，日落而息，过着悠然自得的农耕生活。良渚人十分喜爱玉器，有专门的玉石作坊。瞧，工匠们正在专心制作各种玉器。这些玉器中，既有日常使用的装饰品，还有各种尊贵的礼器呢！

良渚古城被称为"中华第一城"，它位于长江下游的平原地区。良渚人建造了宫殿、城墙，修筑了水坝、河道，在这里一住就是一千多年。后来，良渚王国却谜一样地消失了，不过，它对中华文明的影响一直都在。

良渚王国的贵族很喜欢使用玉器，他们会在身上佩戴各种玉器，就连平时使用的工具也要嵌上美玉。

小狐狸的参观日记

星期天

没想到国宝里也有外星人的身影！今天，我在博物馆里见到了一块刻着神秘人像的玉石，我觉得玉石上的那个人一定是个外星人！爸爸说，它叫玉琮，是目前发现的体积最大的玉琮，上面雕刻的是良渚王国的神徽。

良渚王国是什么地方呢？带着疑问，我好像来到了那个古老的王国。我见到了高高的城墙、一望无际的稻田，还有庄严的宫殿。后来，爸爸带我走进一家打磨玉器的作坊。它建在小河边，有人在搬运玉石，有人在专心打磨玉器。忽然，爸爸告诉我，良渚国王来了！人们急忙把新做好的玉器献给国王。咦，其中那个内圆外方、刻着神像的，不就是玉琮吗？

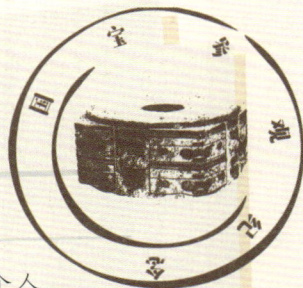

"王为般卜"刻辞龟甲

【名称】
"王为般卜"刻辞龟甲

【时代】
商朝（约前 1600—前 1046 年）

【尺寸】
长 18.6 厘米，宽 10.2 厘米

【材质】
龟甲

【收藏地】
中国国家博物馆（北京市）

国宝小档案

约公元前 2070 年，夏朝建立，这是中国历史上的第一个王朝，但目前考古学家并没有发现夏朝出现文字的直接证据。而夏朝灭亡后建立的商朝，是中国第一个有出土文字证实的朝代。商朝人把文字刻在龟甲或兽骨上，记录下自己占卜的内容和结果，甲骨文就这样诞生了。这片"王为般卜"刻辞龟甲，保存完整，刻字清晰。通过它，我们可以一睹甲骨文的真实面貌，了解商朝人的日常生活。有了文字，中华文明才得以悠久地传承下来。

快去博物馆看看吧

这是一片乌龟壳吗？

是谁在上面乱刻乱画的呀？

它看起来像被烧焦了一样。

上面怎么有这么多裂纹呀？

权力最大的巫师

这片龟甲上有"王占"二字，说明它记录了商王亲自占卜的故事。人们猜测，当时的小事是由巫师负责占卜，而遇到大事时，巫师就会禀告商王，由商王进行最后的占卜和解读。可以说，商王是商朝权力最大的巫师呢！

"鬼画符"里的故事

每一片甲骨上的刻字都不是毫无意义的"鬼画符"，而是记载了商朝人的各种见闻和疑问。比如某一天，王子乘坐的马车竟然遇到了交通事故；比如猎人在打猎前占卜，询问鬼神自己能否捕捉到鹿。

刻着文字的骨头

商朝的王室喜欢占卜，他们收集了很多龟甲和兽骨，可以把它们统称为甲骨。占卜时，商朝人会用火来灼烧甲骨，把烧出的裂纹看作鬼神的指示，然后把占卜的内容和结果记录在甲骨上。瞧，这两片商朝的甲骨上就刻着当时的文字呢！

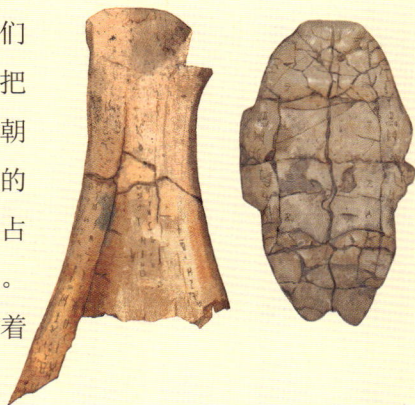

"般"会倒霉吗？

通过解读这片甲骨上的文字，人们发现，它记载了一个有趣的故事：当时，巫师为一个名叫"般"的人占卜他会不会倒霉，而商王也亲自为"般"占卜了很多次，结果都显示"般"不会倒霉。你猜，商王亲自给"般"占卜，"般"会是商王的朋友吗？

包治百病的"龙骨"

甲骨最早被人们当作包治百病的中药材"龙骨"！不知有多少珍贵的甲骨被人磨成了粉末，吃进了肚子。清朝末年，有古董商把从村民手中收购的甲骨卖给了著名的金石学家王懿荣，甲骨文的价值才逐渐被学者们知道。

孩子们，你们知道商王为什么要把自己的手脚绑住吗？

他是为了祭祀吗？

商朝人常常举行残忍的祭祀仪式。为了讨好神灵，他们会杀死牲畜，甚至还将奴隶作为祭品。

商朝的龟甲有些来自南方地区，经动物学家鉴定，其中一片腹甲所属的大龟与现在马来半岛的某个龟类品种相同。

臣子们跪在地上，请求商王不要走进火堆。

穿越历史看国宝

祭祀求雨的商王

　　商朝时期，有一年天下大旱，很久都没有下过雨了，大地上遍布着可怕的裂纹。河流干涸了，庄稼枯死了，动物渴死了，人们也渐渐地活不下去了。为了向鬼神求雨，商王多次占卜，他在祭祀时点燃了火堆，还绑住了自己的手脚，许诺把自己的生命献给上天。

　　三千多年前，商朝人相信世界上存在鬼神。商王几乎遇到任何事，都会进行占卜，希望能获得鬼神的指示。占卜时，巫师们先在甲骨上钻一些小孔，再放在火上炙烤，甲骨上出现长短不一的裂纹后，就可以凭借裂纹来解读鬼神的意思了。

巫师手舞足蹈地念着咒语，好像是在和鬼神对话。

星期六

我已经观看了五个国宝，可是上面都没有字，难道古人不喜欢在器物上写字吗？爸爸说，今天要看的这个国宝上就有文字，我们现在的汉字就是从这种文字演变而来的。国宝的名字叫"王为殷卜"刻辞龟甲。爸爸告诉我，这片龟甲上的文字叫甲骨文，是商朝人创造出来的文字。如果能看懂这些文字，就能知道商朝人在龟甲上写了些什么。这简直就像破译密码一样，太酷了吧！

看着看着，我突然站在了一片干裂的土地上，前面围了好多人。爸爸说，我们回到了商朝，这里连年干旱，人们快活不下去了。商王只能举行祭祀，祈祷上天下一场大雨。可是，世界上根本就没有鬼神，只是商朝人太迷信了。唉，真希望快点儿下一场雨，救一救这些可怜的人。

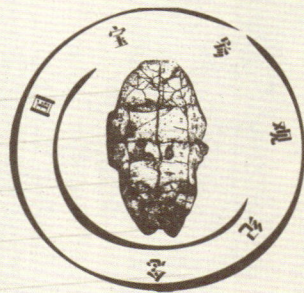

27

后母戊鼎

【名称】
后母戊鼎

【时代】
商朝（约前 1600—前 1046 年）

【尺寸】
高 133 厘米，口长 112 厘米，口宽 79.2 厘米

【材质】
青铜

【收藏地】
中国国家博物馆（北京市）

国宝小档案

　　盘庚迁殷以后，商朝国力强盛。商朝人擅长制作各种青铜礼器，其中，鼎被视为国之重器，代表着国家的最高权力。后母戊鼎是商王命人为自己的母亲铸造的，这个鼎形制巨大，雄伟庄严，重达八百多千克，是目前已知的中国古代最重的青铜鼎。它不仅是商周时期青铜家族中的"巨无霸"，而且代表着商朝高度发达的青铜文化，被誉为"镇国之宝"。

一口"锅"的升级

瞧，这是一个巨大的青铜鼎。你一定想不到，鼎原本是古人用来煮食物的"锅"，最早是用陶土做的，有圆有方。到了夏商周时期，陶鼎升级成青铜鼎，成为祭祀用的重要礼器，甚至是权力和地位的象征。我们熟知的成语"问鼎中原""一言九鼎"就与它有关。

快去博物馆看看吧

这是什么呀？
怎么这么大？

它是用来做什么的呢？

它的四条"腿"好粗壮！

上面的花纹好像怪兽！

饕（tāo）餮（tiè）纹

神秘的兽面纹

仔细看，后母戊鼎的耳部、腹部和足部有很多神秘的花纹，人们叫它兽面纹。鼎的腹部还有一种像两个大眼睛的纹饰，叫饕餮纹，它和玉琮的神人兽面纹是不是有几分相像？

送给母亲的荣耀

后母戊鼎的名字来自鼎身的三字铭文，有专家认为，"戊"可能是指商王武丁的其中一位王后。于是有人猜测，后母戊鼎的主人会不会是擅长农耕的妇妌（jìng）呢？也许妇妌的儿子成为商王后，怀念去世的母亲，为了让母亲的身份更尊贵荣耀，才命人铸造了这个巨大的青铜鼎。

灿烂的青铜文明

商朝人十分擅长制造精美的青铜器，每一件青铜器都是珍贵不凡的。例如，"妇好"青铜鸮（xiāo）尊、"妇好"青铜三联甗（yǎn）、"妇好"铜钺等代表着王后妇好的尊贵。这些青铜器不再是普通的酒杯、蒸煮器、兵器，而是权力和地位的象征，展现出商王朝的辉煌与强大。

"妇好"青铜鸮尊　　"妇好"青铜三联甗　　"妇好"铜钺

商朝的战车有两个轮子，能搭乘两到三人，需要两匹马才能拉得动。

听说前面有敌人在欺负商朝的百姓，商王和王后亲自带兵来打仗啦！

勇敢的商朝士兵骑着大象向前冲锋。

穿越历史看国宝

国力强盛的殷商王朝

　　商朝武丁时期，战争频繁。商王武丁与王后妇好能征善战，多次领兵出征，带领士兵击退了各方敌人，守卫了国家的安全。瞧，商王与王后站在高大的战车里，冲在了队伍的最前面，他们并肩作战，为商朝开拓出前所未有的辽阔疆域。

　　商朝人擅长驯化动物，你看，商朝的士兵能骑着大象去打仗呢！当时，畜牧业在商朝人的生活中占有重要的地位，他们不仅饲养猪、牛、羊、狗、马、鸡等家畜，还能把它们变成自己的帮手，比如让黄牛拉车驮货去远方售卖。时间长了，做生意就成了这些人固定的职业，"商人"也就成了买卖人的代名词。

王后妇好手中的青铜钺是一种武器，有点儿像斧头，是军权的象征。

武丁是商代中期一位杰出的君王，在他的统治下，商朝百姓富裕，国力达到鼎盛，这一时期史称"武丁中兴"。

小狐狸的参观日记

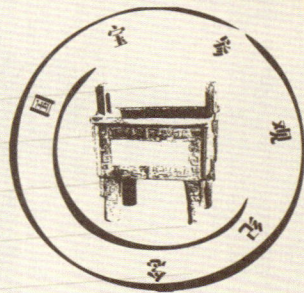

星期六

今天，我在博物馆看到了一个超级大的青铜器。爸爸说，它叫后母戊鼎，是目前已知的中国古代最重的鼎，当时的商王为了祭祀自己的母亲，特地命人制作了这个器物，那时，商朝的实力可强了！

看着它，我好像回到了遥远的商朝。这里有许多高大的战马、数不清的战车，这是要去打仗吗？爸爸告诉我，这是商王武丁的军队。听说远方的百姓被外族欺负了，商王武丁和他的王后妇好立刻带兵出击，前去保护百姓。我仔细一看，士兵们站在战车上，正在勇猛地向前冲，看起来好威风啊！

看来，商朝真的很强大！我猜商朝人铸造那么大的鼎，就是为了向别人显示商朝的国力吧！

四羊青铜方尊

【名称】
四羊青铜方尊

【时代】
商朝（约前 1600—前 1046 年）

【尺寸】
高 58.6 厘米，上口最大径 44.4 厘米

【材质】
青铜

【收藏地】
中国国家博物馆（北京市）

国宝小档案

商朝时期，人们搞不清为什么会有风雨雷电、自然灾难，就认为世界上存在鬼神。商朝人制作了很多精美的青铜器，希望通过这些器物来祭祀神灵，获得庇佑。在商朝众多的青铜器中，四羊青铜方尊造型奇特，肩部铸造着四只凸出的羊头。它是中国现存的商朝青铜方尊中体形最大的一件，融合了线雕、浮雕、圆雕等装饰手法，被誉为"臻于极致的青铜典范"。

32

快去博物馆看看吧

快看，上面有四只羊头呢！

你们看，上面有好多花纹，好漂亮啊！

它是做什么用的呢？

它的颜色怎么看上去有点儿丑？

献给神灵的礼器

起初，人们认为尊是商朝人用来盛酒的杯子。但四羊青铜方尊足足有半米多高，而且很重，根本没法儿拿在手里当成酒杯用。专家认为，像这种大型的青铜尊，应该是祭祀时使用的礼器。人们把美酒倒进青铜尊里，希望升腾的酒气能飘到天上的神灵那里。

金灿灿的颜色

别看四羊青铜方尊现在是平淡的黑绿色，在它刚被制作出来的时候，其实是金灿灿的，甚至可以跟黄金相媲美呢！之所以变成现在的颜色，是因为青铜器在地下埋了几千年，早就生锈啦！

美到极致的工艺

凑近看，我们能看到四羊青铜方尊的表面装饰着很多花纹，不过整件器物最突出的还是器身上的四只卷角羊！瞧，羊的头和脖子从青铜尊上伸了出来，粗壮的羊角向内卷，大大的眼睛炯炯有神，就连羊的面部也布满了精细的花纹，显得灵动而柔美。

作为图腾的羊

商朝人为什么要把羊铸造在青铜尊上呢？其实，商朝人很擅长驯养家畜，羊是他们最喜欢的动物之一。而且，那时候的人们认为动物是神灵的象征，在青铜器上雕刻羊也表达了商朝人对神灵的崇敬和对美好生活的向往。

尊有盖子吗？

在考古发掘中，人们发现有些青铜尊是有盖子的，比如在三星堆遗址出土的顶尊跪坐人像。瞧，青铜小人儿的双手就捧着一个带盖的铜尊呢！你猜，四羊青铜方尊会不会也曾经有一个精美的盖子？

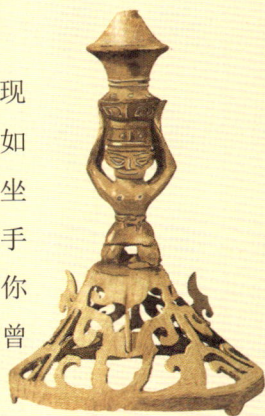

33

这里怎么有士兵看守？看起来好可怕！

别怕，商王派士兵们看守在这里，就是为了守护青铜器制作的秘密，防止有人偷学！

为了铸造出更多、更大的青铜器，必须要有巨大的熔炉来炼铜。

穿越历史看国宝

重兵把守的青铜作坊

  商朝后期，商朝人的青铜铸造水平越来越高超，他们不仅能铸造更大、更精美的青铜器，还会装饰更复杂、更精美的花纹。这些青铜器是商朝贵族使用的，青铜铸造技术也就成了不可外传的秘密。瞧，商王的青铜作坊里有重兵把守，普通人可不许进来偷看呢！

  商朝时期，大部分青铜器都是商朝人用来祭祀的礼器，只有很少一部分作为日常用品。这些青铜礼器种类齐全，铸造精良，不少都装饰着动物的图案，比如羊、牛、鸟，甚至还有商朝人想象中的各种神兽。商朝人相信，用这样的青铜器来祭祀，就可以取悦神灵，获得庇佑。

工匠们在挖井开采铜矿。这些石头是铜矿石，经过冶炼后就能得到铜。

制模就是用黏土做出器物的造型。等模烘焙变坚硬后，再制作包裹模的范，以及形成模内部空腔用的芯。

青铜器的主要原料是铜、锡和铅。商朝人会把各种金属混合加热，做成青铜溶液，然后就能铸成青铜器了。

把范和芯捆紧，再用泥浆包裹。留出一个浇注口，就可以灌入青铜溶液了。

小狐狸的参观日记

星期六

　　上周我参观的后母戊鼎虽然很大，不过上面没有太多的图案，我觉得不是特别好看。爸爸答应我，下次要带我去看"最美青铜器"。今天我终于见到它了，它是一个有四只羊头的青铜器，羊角卷卷的，看起来就像真的一样！爸爸说，它叫四羊青铜方尊，是商朝青铜方尊中体形最大的，据说比我还重呢！

　　想着想着，我竟然来到了商朝的青铜作坊。进去之后，我发现有好几个工匠正用黏土做羊头呢！爸爸告诉我，一些体形巨大、结构复杂的青铜器需要先分别铸造出器物的各个部分，再把它们拼接在一起，四羊青铜方尊就是这样铸造而成的。爸爸还带我去看了刚做好的青铜器，真没想到，它们竟然是金色的，而且还在闪闪发光呢！

青铜纵目面具

国宝小档案

距今三千多年前，中原地区处于殷商时期，而在偏远的西南地区，神秘的古蜀文明正蓬勃发展。在三星堆遗址中，人们发现了许多古蜀人制造的青铜面具，这件青铜纵目面具是其中造型最独特、最宏伟壮观的。它有一双如圆柱般高高凸出的眼睛，一对又长又大的耳朵。它注视着我们，双眼炯炯有神。它展现出古蜀人非凡的创造力，诉说着古蜀人对神灵的崇拜。

【名称】
青铜纵目面具

【时代】
商朝（约前 1600—前 1046 年）

【尺寸】
宽 138 厘米，高 66 厘米

【材质】
青铜

【收藏地】
三星堆博物馆（四川省广汉市）

36

"千里眼"和"顺风耳"

你看，这个面具的样子是不是很奇特？它的眼睛向外凸出，耳朵向两侧展开，像神话中拥有"千里眼"和"顺风耳"的神灵，又像一个外星人。专家认为，无论是青铜人面具上凸出的眼睛，还是青铜人头像上的大眼睛，都表达了古蜀人对眼睛的崇拜！

青铜人面具

青铜人头像

戴金面罩
青铜人头像

天哪，这么大的面具怎么戴呀？

快看，它的眼珠是凸出来的，像螃蟹一样。

它看起来好奇怪，不会是外星人吧？

它好像在咧嘴笑呢！

眼睛凸出的古蜀王

大诗人李白在《蜀道难》一诗中写道"蚕丛及鱼凫，开国何茫然"，这句诗中的"蚕丛"就是古蜀国的祖先。传说，蚕丛是黄帝和嫘祖的后代，眼睛向外凸出。他所在的古蜀国地处成都平原，气候温和，适合养蚕，蚕丛就带领人们养蚕织丝。

爱打扮的古蜀人

古蜀人很爱打扮，他们的发型十分讲究，主要有辫发和笄（jī）发。辫发就是把头发编成一条麻花辫，笄发就是把头发梳成发髻，然后用发笄固定住。不同的发型还搭配不同的帽子和发冠，古蜀人一定要花很多时间打理头发吧？据说，不同的发型代表不同的身份呢！

古蜀人的模样

爱戴面具的古蜀人到底长什么样子呢？三星堆遗址中还真的出土了一尊跟真人差不多大的青铜立人像，它头戴高冠、身穿三层衣服，笔直地站在高高的台子上，手里似乎还抱着什么。人们推测，他是当时的大巫师或者国王。

通天神树

除了眼睛以外，古蜀人也十分崇拜树。他们制作出各种规模巨大的青铜神树，有的甚至有四米多高，上面还有栩栩如生的小鸟和果实呢！

在古蜀国，国王可能是权力最大的巫师，负责主持祭祀仪式。

人们佩戴的面具大多是用皮革或竹木制作的，并不是青铜面具。

除了青铜人像，古蜀人还制作了很多动物形状（如鸟、虎、蛇等）的青铜器。

为什么有的人戴着面具，有的人不戴呢？

穿越历史看国宝

神秘繁荣的古蜀国

在古蜀国，参加祭祀典礼是一件非常重要的事情。这一天，人们会提前杀好牛、羊作为祭品，并且用双手高举着青铜器，希望神灵能听到自己的愿望。看，典礼开始了，在国王的带领下，人们虔诚地跪在地上，对天地神灵进行祭拜。

在古蜀文化中，青铜器和金器是用来祭祀和沟通神灵的，可是，古蜀人打造的青铜人像和纯金面具实在是太独特了，总让人联想到外星人。更神秘的是，古蜀王国繁荣了一段时间后却突然消失了，谁也不知道当时发生了什么。

当时，只有身份高贵的人才可以戴面具。据说，黄金面具是其中最尊贵的。

珍贵的象牙、青铜器、金器等都是古蜀先民献给神灵的神圣祭品。

星期六

　　爸爸说，今天要去看的这件国宝一定会让我大吃一惊。天哪，这还是我第一次见到这么大的面具！它叫青铜纵目面具，有一双凸出来的眼睛、一对张得大大的耳朵，哪有人戴得上啊？

　　想着想着，我的眼前突然出现了一群跪在地上的人，他们有的举着青铜器，有的举着大象牙，有的还戴着面具，这是在干什么？爸爸说，这里是古蜀国，国王正带着人们举行祭祀典礼。人们把青铜器举得高高的，是为了更接近神灵，让神灵听到自己内心的愿望。往前走了走，我还看到了那个巨大的青铜纵目面具，我好想问问古蜀国的人们，外星人乘飞船来过古蜀国吗？这些面具是不是根据外星人的样子铸造的呢？

"利"青铜簋（guǐ）

【名称】
"利"青铜簋

【时代】
西周（前 1046—前 771 年）

【尺寸】
高 28 厘米，口径 22 厘米，方座长、宽 20.2 厘米

【材质】
青铜

【收藏地】
中国国家博物馆（北京市）

国宝小档案

　　商朝晚期，纣王昏庸无道，百姓苦不堪言。周武王联合其他诸侯，一路攻打到商朝的朝歌（今河南省鹤壁市）城下，最终灭掉商朝，建立了西周。然而历史太久远，人们不知道那场战争到底是什么情况，直到"利"青铜簋被发现。它的内底铸有一篇重要的铭文，准确记载了周武王伐纣这一历史事件。这件国宝不仅体现了西周早期高超的青铜铸造水平，而且还记录了商、周两个王朝的更替，被媒体誉为"镇国之宝"。

快去博物馆看看吧

它的花纹好吓人，就像一只大怪兽！

这件青铜器是做什么用的？

快看，它有两只大耳朵！

它看起来很普通，为什么是国宝呢？

怪兽来啦！

瞧，"利"青铜簋的腹部和底座上都出现了饕餮纹。这种纹饰在青铜器上显得特别威严，是青铜器上常见的纹饰。传说龙生九子，饕餮便是其中之一，特点是非常贪吃。

青铜器上常见的饕餮纹

纪念荣耀的宝贝

周人为什么会制作"利"青铜簋，还用它来记载当时的战争呢？其实，在周武王伐纣胜利以后，一个叫"利"的官员因为征战有功，获得了周武王赏赐的铜料。"利"实在是太高兴了，就用这些铜料铸造了这件簋，记载了这场战争的胜利，并且用它来祭祀自己的祖先。

簋是什么？

"利"青铜簋的"簋"字难写又难认，但其实它并不是一个多么复杂的器物。簋就是一种容器，用来装煮熟的粮食。商朝人把煮好的粮食放进精美的青铜簋，献给敬爱的祖先或者神灵。

周武王伐纣的证据

你知道吗？"利"青铜簋之所以被誉为"镇国之宝"，秘密就藏在它的"肚子"里。仔细瞧，青铜簋腹内的底部铸有一篇三十二字的铭文，记载了周武王伐纣的历史事件。有的专家甚至依据铭文，推算出商周决战的日期。

不能乱用的青铜器

西周时期，在宴会或祭祀等重大场合，人们会用鼎、簋等青铜器来盛放食物。簋装粮食，鼎放肉。这些青铜器在使用时还有数量的限制呢！按照当时的规定，天子能用九鼎八簋，诸侯七鼎六簋，大夫五鼎四簋……而平民百姓是不允许使用青铜器的。

周天子

诸侯

大夫

高级的士

低级的士

据一些史书描述，纣王荒淫残暴，残害忠良，商朝的士兵们甚至不愿为他打仗。

周人相信"天"，认为"天"可以听到人民的声音，让有德行的人成为统治者。

穿越历史看国宝

周武王伐纣

公元前 1046 年，周武王带领军队来到牧野（今河南省新乡市），准备与商朝展开最后的决战。纣王得知消息，赶紧带兵迎战，可是周国的士兵英勇无比，刚一交战，就把纣王的军队打得丢盔弃甲，落荒而逃。纣王无可奈何，只能狼狈地逃回朝歌，在鹿台放火烧死了自己。

周原本是一个弱小的部族，周人擅长农耕，在公刘、公亶（dǎn）父等先祖的带领下，几次迁徙，终于找到适合耕种和定居的地方，逐渐将周发展壮大成一个强大的国家。后来，周人实在无法忍受残暴的纣王，在周武王的率领下，一举灭掉商朝，建立了周朝，史称西周。

当时的战车大多是轻巧的双轮车，士兵的常用兵器有弓箭、戈、矛等。

周武王伐纣时，"三千虎贲"是周国军队的主力。它是由贵族子弟组成的，虽然人数不多，但战斗力很强，相当于现在的特种部队。

纣王不得人心，最后还是周国赢得了这场战争的胜利！

哪边是周国的军队呀？

士兵们穿着皮质的甲胄，就像穿了一层防弹衣，能更好地保护自己。

小狐狸的参观日记

星期六

今天，爸爸还要带我去看青铜器。我不明白，为什么商周时期有这么多青铜器呢？爸爸说，当时的工匠已经掌握了青铜器制作的方法，制作工艺也非常高超，所以那个时候有很多青铜器。今天我看到的这个青铜器叫"利"青铜簋，爸爸说，它是一件非常重要的国宝，因为它的"肚子"里刻着一些文字，记录了一场著名的大战——牧野之战。

忽然，我听到了鸟的鸣叫声、人们的呐喊声，还有混乱的打斗声。天哪，我竟然来到了一个战场上。

爸爸带我们躲在大石头后面，他说这里就是牧野，是商周决战的地方。我偷偷探出头，看到英勇的周国士兵大喊着向前冲锋，把敌人吓得屁滚尿流，丢了武器就往回跑。我猜，最后一定是周国人打赢了！

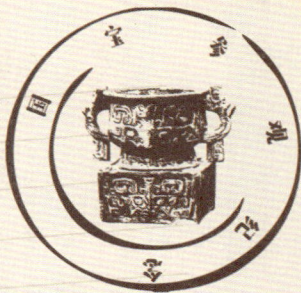

狐狸家

为孩子讲好每一个东方故事

狐狸家，原创童书品牌，为孩子讲好每一个东方故事。狐狸家唯愿中国儿童爱上母体文化，观世事、通人情、勤思辨，学会一世从容的做人风范。

狐狸家其他作品推荐

"餐桌上的世界史"
沉浸式"食物之旅"
从小食物看大世界，轻松"吃"透世界史

"小孩儿看大戏"
沉浸式看懂五大戏种
领略戏曲之美，传承做人风范

总 策 划：阮凌

绘　　画：潘小可

特约策划：许芳

特约美编：胡婕

装帧设计：丁运哲

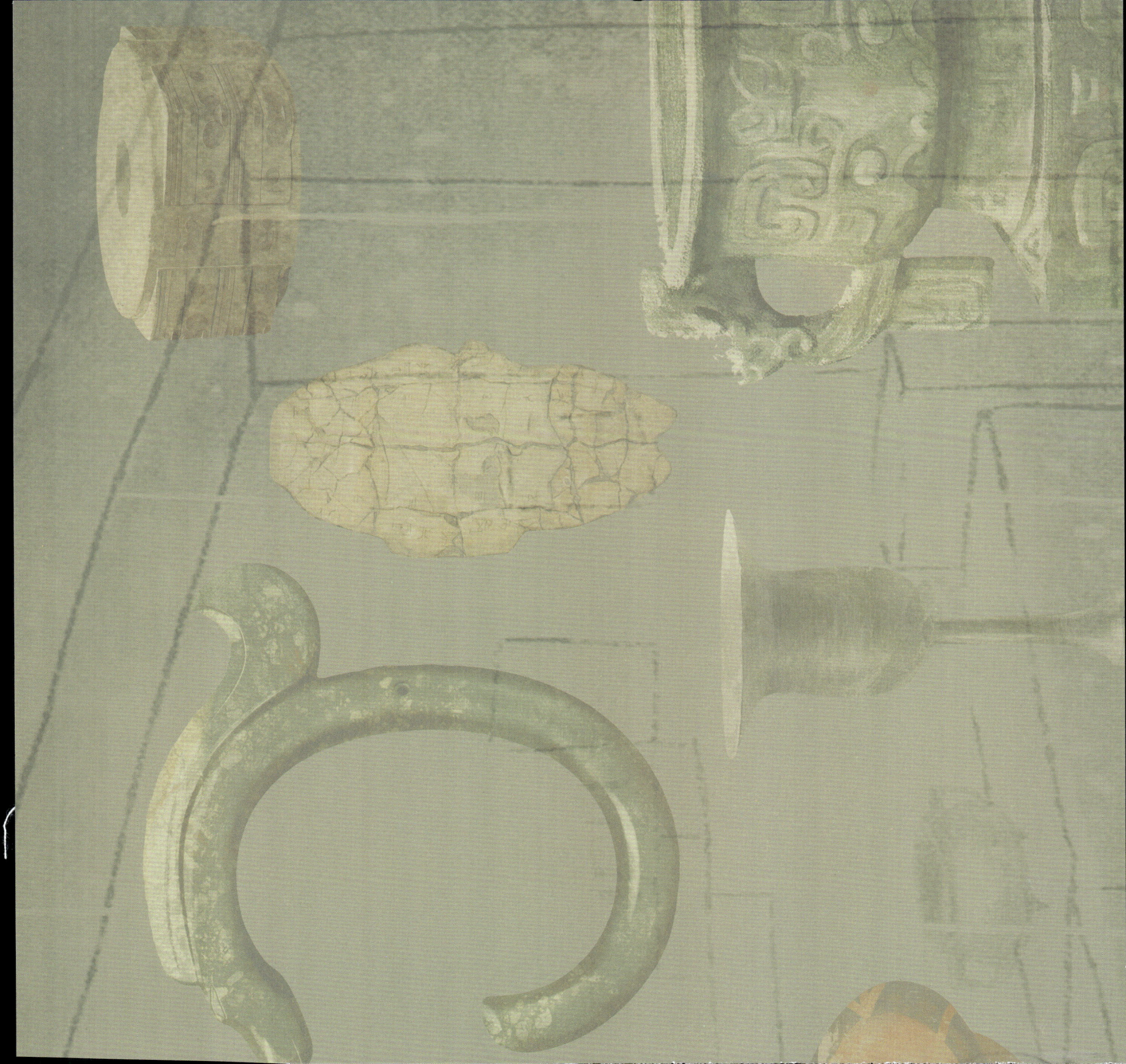